Los deportes de invierno

Maria Koran

EYEDISCOVER

EYEDISCOVER

Ve a **www.openlightbox.com** e ingresa el código único de este libro.

CÓDIGO DEL LIBRO

AVP89666

EYEDISCOVER te trae libros mejorados por multimedia que apoyan el aprendizaje activo.

Published by Lightbox Learning Inc.
276 5th Avenue, Suite 704 #917
New York, NY 10001
Website: www.openlightbox.com

Library of Congress Control Number: 2022952264

ISBN 978-1-7911-5428-8 (hardcover)

Printed in Guangzhou, China
1 2 3 4 5 6 7 8 9 0 27 26 25 24 23

022023
102522

English Project Coordinator: John Willis
Spanish Editor: Sara Cucini
Layout: Ana Maria Vidal
English/Spanish Translator: Translation Services USA

The publisher acknowledges Alamy, Getty Images, and Shutterstock as its primary image suppliers for this title.

EYEDISCOVER proporciona contenido enriquecido, optimizado para el uso en tabletas, que complementa este libro. Los libros de EYEDISCOVER se esfuerzan por crear un aprendizaje inspirado e involucrar a las mentes jóvenes en una experiencia de aprendizaje total.

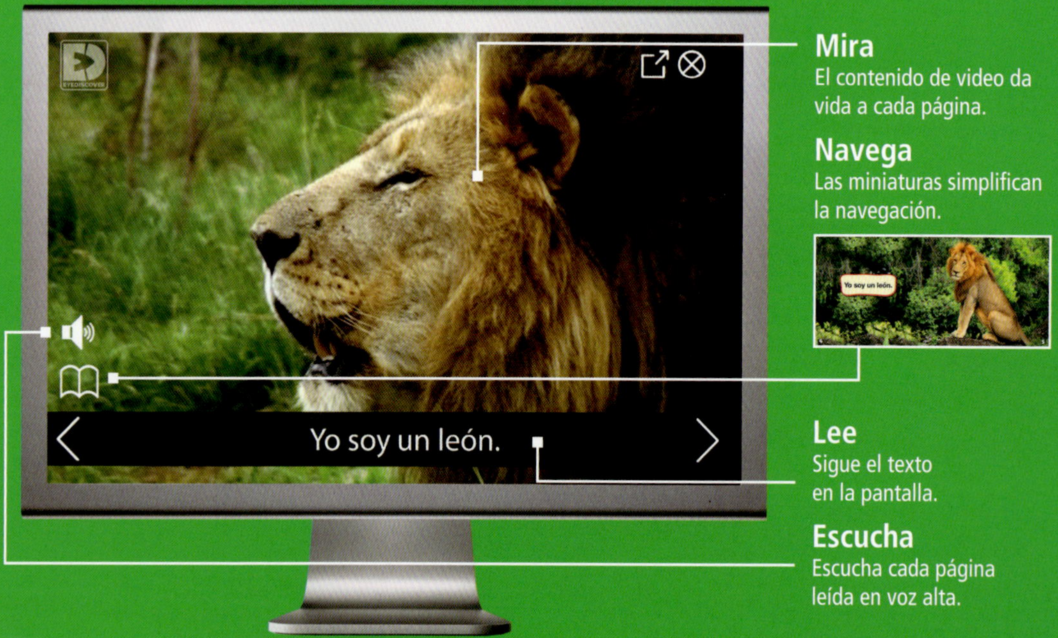

Tu EYEDISCOVER con Seguimiento de Lectura Óptico cobra vida con...

Audio
Escucha todo el libro leído en voz alta.

Video
Los videos de alta resolución convierten cada hoja en un seguimiento de lectura óptico.

OPTIMIZADO PARA

- TABLETAS
- PIZARRAS ELECTRÓNICAS
- COMPUTADORES
- ¡Y MUCHO MÁS!

Este título es parte de nuestra suscripción digital de EyeDiscover

1-año de suscripción
ISBN 978-1-4896-8346-5

Accede a todos los títulos de EyeDiscover con nuestra suscripción digital.
Regístrate para una prueba GRATUITA en **www.openlightbox.com/trial**

Se garantiza que los componentes digitales de este libro estarán activos por al menos cinco años desde la fecha de publicación.

Los deportes de invierno

En este libro aprenderás

- cuáles son
- cómo se juegan
- qué elementos se necesitan

¡y mucho más!

Hay muchos deportes que se practican en el hielo o la nieve. Se los conoce como deportes de invierno.

El hockey es uno de los deportes de invierno más populares. Los jugadores usan palos para golpear un disco e introducirlo en el arco del equipo contrario.

21

El bobsleigh es uno de los deportes de invierno más rápidos. Los trineos pueden ir tan rápido como un auto por una pista de hielo.

USA

USA
BalancePlus
LiteSpeed

Los jugadores de curling deslizan piedras por una pista de hielo. Van barriendo el hielo delante de la piedra para cambiar su dirección.

BEIJING

El patinaje sobre hielo es tanto un arte como un deporte. Los patinadores hacen saltos y giros al compás de la música.

Hay muchos deportes de esquí. Algunas personas esquían en montañas, otros esquían en nieve plana. Esto se llama esquí de fondo.

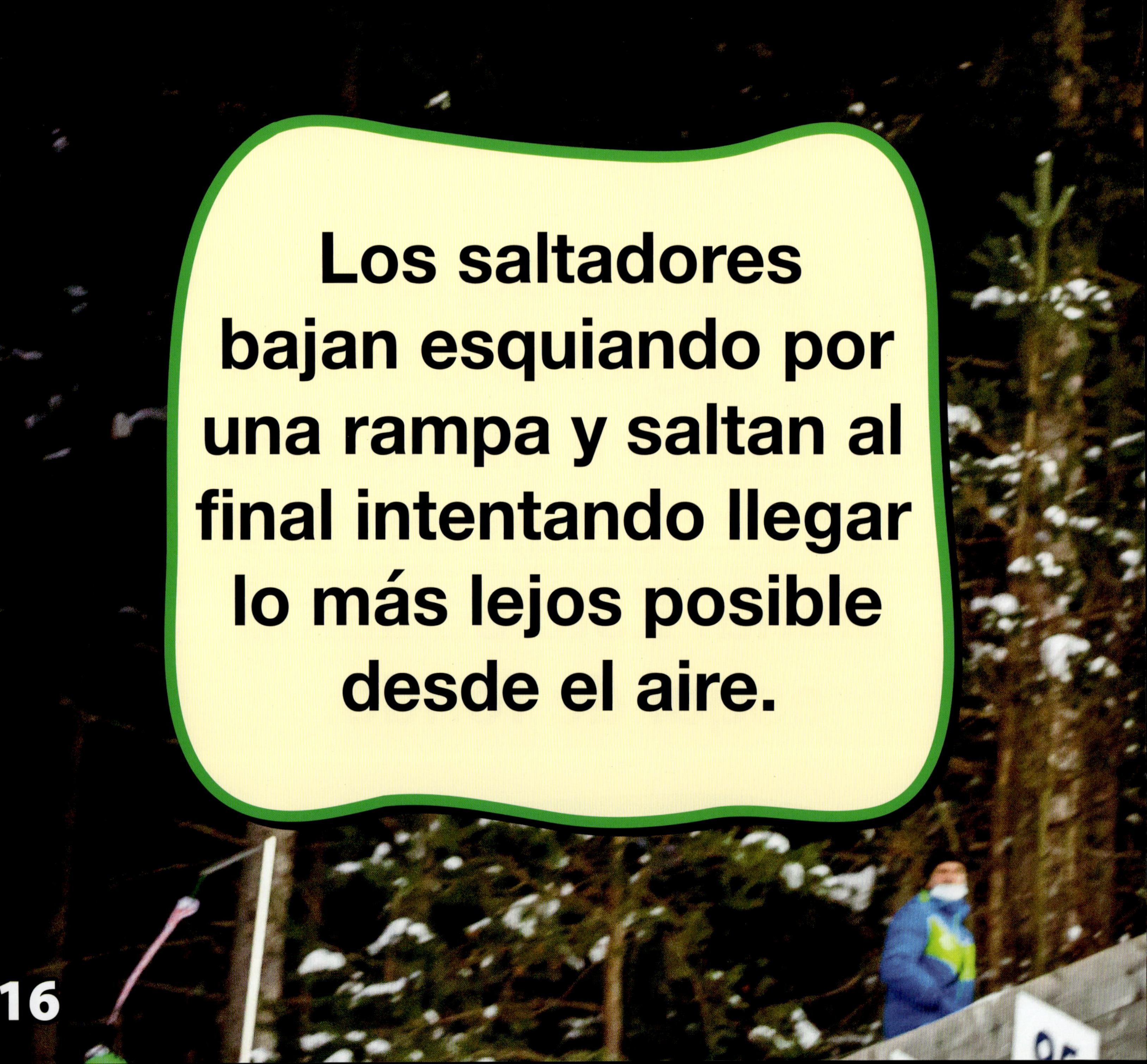

Los saltadores bajan esquiando por una rampa y saltan al final intentando llegar lo más lejos posible desde el aire.

modec
20
BWT
BWT
93
92
91
90
89
88
87
86
85
84

Los snowboardistas se deslizan por la montaña con ambos pies sobre una tabla. En muchas modalidades de snowboard se hacen trucos y saltos.

El trineo de perros es un deporte en el que varios perros tiran juntos de un trineo. La mayoría de los perros de los trineos de carrera son huskies de Alaska.

LOS DEPORTES DE INVIERNO EN NÚMEROS

Los **trineos de bobsleigh** pueden ir a **más de 90 millas por hora** (145 kilómetros por hora).

El **HOCKEY SOBRE HIELO** se juega en **más de 80 PAÍSES** del mundo.

El **Curling** se incorporó a los **juegos olímpicos** en **1998**.

El salto de esquí más largo fue de 830 pies (253 metros).

La primera tabla estilo snowboard se creó en 1965 y se llamó "Snurfer".

Un trineo de perros de carrera puede pesar apenas 20 libras (9 kilogramos).

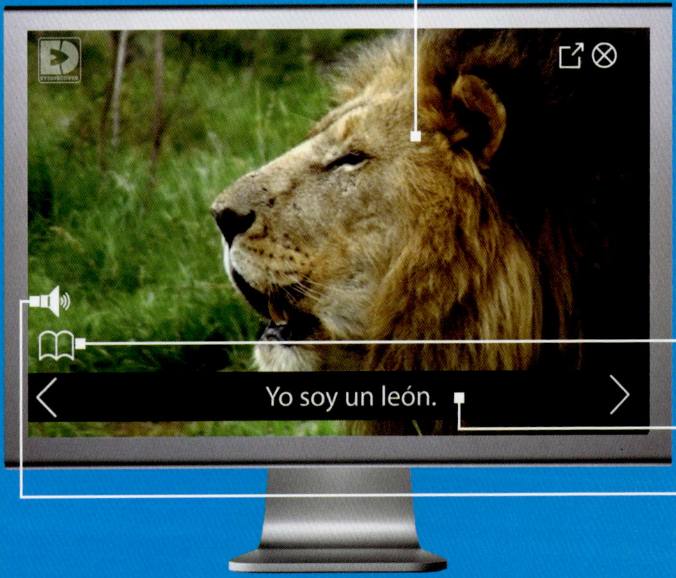

Mira
El contenido de video da vida a cada página.

Navega
Las miniaturas simplifican la navegación.

Lee
Sigue el texto en la pantalla.

Escucha
Escucha cada página leída en voz alta.

EYEDISCOVER

Ve a www.openlightbox.com e ingresa el código único de este libro.

CÓDIGO DEL LIBRO

AVP89666